westermann

BAUSTEINE

Trainingsheft Lesekompetenz

Erarbeitet von
Ricarda Paulisch, Lengerich
Kerstin Riesberg, Wallenhorst

Unter Beratung von
Kerstin Eilenberger, Filderstadt-Bonlanden

2

Inhaltsverzeichnis

· Kompetenzen der Seite

· FÖ-KV: Förder-Kopiervorlage Lesen
· Beispielseiten aus dem Lesebuch (978-3-14-137161-1), mit denen die Methode trainiert werden kann

Aha! Hier erfährst du, wie du die Methode anwendest und wozu du sie brauchst.

Hier denkst du über dein Lernen nach:

Ich bin fit.

Ich trainiere weiter.

Aufgabenarten in deinem Trainingsheft:

1 wiedergeben und ausführen

1 anwenden und nachdenken

1 weiterdenken und begründen

1 mit einem Partnerkind trainieren

1 in der Gruppe trainieren

Wörter in Silben gliedern

1 Spreche und schwinge die Wörter. Setze die Silbenbögen.

lesen	Name	Schere	legen	Schule
Tafel	Reifen	schreiben	kleben	spielen
Pause	Stunde	melden	fragen	Kinder

2 Verbinde die Silben. Spreche und schwinge die Wörter.
Schreibe das Wort zum passenden Bild.

Ho

Do   se

Va

3 Zwei Teile gehören zusammen. Kreise sie in der gleichen Farbe ein.
Spreche und schwinge die Wörter.

Ha	Be	Lu	Krei	Ta
de	se	fel	sen	gel
me	Vo	pe	Blu	

1 Lies die Wörter. Setze die Silbenbögen.

Trinkflasche Kalender Minute

Telefon Hausaufgaben Zebrastreifen

Pausenbrote Tomatensalatbesteck

2 Eine Silbe passt nicht. Streiche sie durch. Schreibe das Wort auf.

Stun – den – wa – plan

Pau – le – sen – hof

Sport – hal – ma – le

Zah – bei – len – strahl

Le – se – fal – buch

3 Lies und setze die Silbenbögen.

Fidan putzt die Tafel.

Mara teilt die Bücher aus.

Henri liest gern Autohefte.

Tina und Jona malen Bilder.

Samet schreibt die Hausaufgaben auf.

Ich kann Wörter in Silben lesen.

Rückmeldung:

Reimwörter erkennen

1 Verbinde die Reimwörter. Lies die Reimpaare laut.

essen  Laus sehen 

 messen  Klasse gehen

2 Ein Wort in der Reihe reimt sich nicht. Streiche es durch.

Dose	Hose	~~Kleid~~	Rose
Wand	Tür	Hand	Rand
Tasse	Klasse	Rasse	Katze
Hunde	Runde	Leine	Wunde
Raum	Saum	Traum	Idee
Stall	Pferde	Knall	Ball

3 Finde passende Reimwörter.

Flasche Lasche

tanzen ____________________

Teller ____________________

Rind ____________________

Kamm ____________________

rund ____________________

· Reimwörter identifizieren und bilden
· sinngestaltend und flüssig lesen

· FÖ-KV: 3, 4
· zum Beispiel: Seite 62

1 Lies das Gedicht. Setze die passenden Reimwörter ein.

Krake beim Schneider

Faultier am Brett
Faultier im ______________________

Dreizehn Hanteln
zwei ______________________

Beutel leer
Tasche ______________________

Schüssel mit Kirschen
Picknick mit ______________________

Verpasster Flug
Ente im ______________________

Party am Strand
alles aus ______________________

Schrank, Stuhl und Liege
Stube der ______________________

Wäsche glatt
Waschbär ______________________

Giraffe zu Gast
Empfang am ______________________

[gekürzt]

Nadia Budde

platt

Hirschen

schwer

Bett

Ast

Taranteln

Fliege

Sand

Zug

2 Lies das Gedicht **Krake beim Schneider** einem anderen Kind vor.

3 Finde selbst passende Reimwörter. Setze sie in die Strophen ein:

Krake beim Schneider
zwei lange ______________

Mantel im Schrank
Igel ist ______________

Ich kann Reimwörter erkennen. ☺ 😐

Rückmeldung: ______________________________

Wort- und Satzgrenzen erkennen

1 Lies die Bandwurmwörter.
Markiere die Wortgrenzen mit einem Strich.

Rutsche|Ampel|SchaukelRollerWippeBusBallAutoHund

2 Schreibe die Wörter aus Aufgabe 1 auf.

Rutsche,

3 Markiere die Wortgrenzen in den Sätzen.

Jan|gehtzurSchule.

AnderAmpelstehtHanna.

HannaundJansindineinerKlasse.

InderSchulespielensieoftaufdemPausenhof.

4 Lest euch die Sätze aus Aufgabe 3 abwechselnd vor.

5 Hier sind die Wortgrenzen falsch markiert.
Schreibe die Wörter richtig auf.

Freun|deAm|selRe|gen|Ka|tzeBu|schTü|rStra|ße

Freunde,

· sinnverstehend lesen, Wortgrenzen erfassen

· FÖ-KV: 5, 6

1 Lies die Hinweise. Markiere die Wortgrenzen.

TREFFTEUCHAUFDEMPARKPLATZ.

GEHTZURLICHTUNGMITDENDREITANNEN.

FOLGTDEMWEGBISZUMTEICHMITDERQUELLE.

GEHTWEITERBISZUMAUSSICHTSTURM.

DASENDEDERSCHNITZELJAGDISTDERGRILLPLATZ.

DORTFINDETIHREINENSCHATZUNTERDERRECHTENBANK.

2 Folge den Hinweisen aus Aufgabe 1.
Zeichne den Weg in die Karte ein.

3 Zeige den Schatz auf der Karte.

Ich kann Wortgrenzen erkennen.

Blitzlesen

1 Nimm ein Blatt Papier.
Lies schnell eine Zeile. Decke die Zeile dann mit dem Papier zu.
Sage, was du gelesen hast.
Wiederhole die Übung mehrmals.

ist

um wir

ein wo ihn

sein dir war uns

2 Lies die Wörter in der ersten Zeile laut. Ein Partnerkind stoppt die Zeit.
Trage ein, wie lange du brauchst.
Lies die Zeile noch dreimal.
Wiederhole die Übung mit den anderen Zeilen.

die der und in zu den das nicht

von sie ist sich mit dem er es ein

ich auf so eine auch als an nach wie

vor um ihr du nach weil er sein das im

Runde 1 Sekunden	Runde 2 Sekunden	Runde 3 Sekunden	Runde 4 Sekunden

3 Markiere möglichst schnell das Wort **und** in den Sätzen.

Meine Freundin und ich wohnen neben einem Spielplatz.
Auf dem Spielplatz gibt es eine Rutsche und eine Wippe.
Wir treffen uns dort und spielen mit unseren Freunden.

1 Nimm ein Blatt Papier.
Lies schnell eine Zeile. Decke die Zeile dann mit dem Papier zu.
Sage, was du gelesen hast.
Wiederhole die Übung mehrmals.

wie

hast und

nie sind kein

ihr weil denn nun

bis habe ihre dann seiner

2 In jeder Zeile kommt ein Wort <u>dreimal</u> vor.
Markiere es möglichst schnell.

hat sie was wird und sie sein eine welche sie

er oder zur haben einer er mir er ihm einem

da als zum kann als doch vor mich als ihn du

gegen vom ganz wo vom muss ohne vom können

3 Das Wort **der** kommt <u>sechsmal</u> in dem Text vor.
Markiere es möglichst schnell.

Die Kinder treffen sich an der Bushaltestelle. Endlich kommt der Bus.

Die Busfahrerin kontrolliert die Fahrkarten.

Leider ist kein Sitzplatz mehr frei.

Mia hält sich gut an der Stange fest.

An der dritten Haltestelle müssen die Kinder aussteigen.

Bis zu der Schule ist der Weg jetzt nicht mehr weit

Ich kann kurze Wörter schnell erkennen. ☺ 😐

Rückmeldung: ______________________________

Lautlesen

1 Lies die Zeilen laut.

Janne läuft.
Janne läuft mit Simon.
Janne läuft mit Simon zum Spielplatz.

Simon trifft.
Simon trifft auf dem Spielplatz.
Simon trifft auf dem Spielplatz seinen Bruder.

Auf dem Spielplatz
Auf dem Spielplatz klettern die Kinder.
Auf dem Spielplatz klettern die Kinder in das neue Baumhaus.

2 Jedes Kind liest vier Zeilen. Ein Kind beginnt.
Dann nennt es den Namen des Kindes, das weiterlesen soll.
Wiederholt die Übung in anderer Reihenfolge.

Milad fährt.
Milad fährt mit seinem Roller.
Milad fährt mit seinem Roller schnell.
Milad fährt mit seinem Roller schnell die Straße runter.

Am Ende
Am Ende der Straße
Am Ende der Straße steht ein Haus.
Am Ende der Straße steht ein Haus mit einer roten Tür.

In dem Haus
In dem Haus wohnt
In dem Haus wohnt seine Tante Jasmin.
In dem Haus wohnt seine Tante Jasmin mit ihrer alten Katze.

Tante Jasmin backt.
Tante Jasmin backt leckere Kuchen.
Tante Jasmin backt leckere Kuchen mit Schokolade.
Tante Jasmin backt leckere Kuchen mit Schokolade für Milad.

- Blickspannerweiterung trainieren
- Sätze möglichst schnell lesen

- FÖ-KV: 8, 9
- zum Beispiel: Seite 18

1 Lies den Satz in der ersten Zeile laut. Ein Partnerkind stoppt die Zeit.
Trage ein, wie lange du brauchst.
Lies den Satz noch dreimal.
Wiederhole die Übung mit den anderen Sätzen.

Das Wetter ist prima.
Katrin geht raus in den Garten.
Dort setzt sie sich auf die Schaukel.
Kräftig stößt sie sich ab und schwingt hoch.

	Runde 1 **Sekunden**	Runde 2 **Sekunden**	Runde 3 **Sekunden**	Runde 4 **Sekunden**
Satz 1				
Satz 2				
Satz 3				
Satz 4				

2 Lies den Text laut. Ein Partnerkind stoppt die Zeit.
Trage ein, wie lange du brauchst.
Wiederhole die Übung viermal.

Jannis kommt nach Hause.
Heute hat er keine Hausaufgaben auf.
Nach dem Essen geht er gleich zu seinem Freund Kilian.
Sie wollen ein Dosentelefon bauen.
Nach einer Stunde haben sie es geschafft.
Sie testen ihr Dosentelefon gleich draußen im Garten.
Das macht Spaß!

Runde 1 **Sekunden**	Runde 2 **Sekunden**	Runde 3 **Sekunden**	Runde 4 **Sekunden**

Ich kann Texte flüssig laut lesen.

Im Tandem lesen

Ich möchte Texte flüssiger lesen.

Lass uns doch im Tandem üben.

1 **Verteilt die Rollen:** Ein Kind ist der Trainer. Ein Kind ist der Sportler.

Der Trainer ist ________________ . Der Sportler ist ________________ .

2 **Lest gemeinsam:** Der Trainer sagt *Start*.
Der Sportler liest laut. Der Trainer liest halblaut mit.
Er führt den Finger beim Lesen mit.

> Selma ist an der Ampel hingefallen.
> Jetzt blutet ihr Knie.
> Das tut ganz schön weh.

3 **Verbessert euch:** Lest den Text gemeinsam laut.
Der Trainer passt auf: Wenn der Sportler sich verliest
und sich nicht selbst verbessert, sagt der Trainer *Stopp*.
Lest den Satz noch einmal gemeinsam.

> Alex und Halim wollen Fahrrad fahren.
> Aber es regnet schon den ganzen Tag.
> Halim holt ein Kartenspiel aus seinem Regal.

4 **Werdet sicher:** Lest den Text so mehrmals gemeinsam laut.
Wenn der Sportler sich sicher fühlt, liest er den Text allein vor.

> Mara und Tim spielen vor der Haustür.
> Sie werfen sich einen Ball zu.
> Mara fängt den Ball mit nur einer Hand.
> Plötzlich fliegt der Ball auf die Straße und rollt genau vor ein Auto.
> Zum Glück kann es noch bremsen.

5 **Lobt euch gegenseitig:**

Toll, du hast dich selbst verbessert.

Du hast flüssig gelesen.

Das hat gut geklappt! Ich nehme dich beim Lesen auf.

Du hast mir gut geholfen.

· Verfahren zum kooperativen Erschließen von Texten kennenlernen und anwenden

· FÖ-KV: 10, 11
· zum Beispiel: Seite 14, 46/47, 54

1 Lest den Text mehrmals im Tandem.

Käse für die Maus

Am Marktstand an der Straßenecke gibt es Obst und Gemüse.
Ein Mann möchte Birnen und Zwiebeln kaufen.
Der Verkäufer packt alles in eine Tasche.
Hinter dem Mann wartet eine Frau.
Ungeduldig wühlt sie in ihrem Korb.
Dabei fällt ein Stück Käse heraus.
Blitzschnell kommt ein Mäuschen unter dem Stand hervor
und schnappt sich das Käsestück.
Die Maus läuft mit ihrer leckeren Beute davon.
Die Frau schimpft.

2 Wählt einen Text aus dem Lesebuch aus.
Lest ihn im Tandem.

Unser Text hat die Überschrift:

____

Der Trainer ist ____________ . Der Sportler ist ____________ .

Aha!

So lesen wir im Tandem:

1. Wir verteilen die Rollen: Ein Kind ist der Trainer. Ein Kind ist der Sportler.
2. Der Trainer sagt: *Start*. Der Sportler liest laut. Der Trainer liest halblaut mit. Der Trainer führt den Finger beim Lesen mit.
3. Wenn der Sportler sich verliest und sich nicht verbessert, sagt der Trainer *Stopp*. Wir lesen den Satz noch einmal.
4. Wir lesen den Text so mehrmals. Fühlt sich der Sportler sicher, liest er den Text allein vor.

So üben wir, flüssig zu lesen.

Ich kenne die Methode **Im Tandem lesen**.

Rückmeldung: ______________________________

Bilder passend zuordnen

1 Was machen die Tiere? Verbinde.

baden | jagen | kauen

2 Welcher Satz passt zu dem Bild? Kreuze an.

- [ ] Das Pferd rennt schnell.
- [ ] Das Pferd kratzt sich am Kopf.

- [ ] Die Meerschweinchen fressen.
- [ ] Die Meerschweinchen schlafen im Heu.

- [ ] Das Kaninchen springt ins Gras.
- [ ] Das Kaninchen frisst Möhren.

Wenn du mehr über diese Tiere erfahren möchtest, schau in der Bücherei nach.

· gezielt und genau lesen
· Bild- und Textinformationen vergleichen und zuordnen

· FÖ-KV: 10, 11
· zum Beispiel: Seite 33

1 Welcher Satz passt zu welchem Bild?
Schreibe den Buchstaben auf die Linie. Zwei Sätze passen nicht.

A

B

C

D

_______ Glühwürmchen sind braune Käfer, die bei Dunkelheit leuchten.

_______ Der Zitronenfalter hat gelbe Flügel.

_______ Wanderfalken brüten in Felsen.

_______ Im Gleitflug kann ein fliegender Fisch bis zu 400 Meter weit fliegen.

_______ Das Flughörnchen hat eine Gleithaut zwischen seinen Beinen.

_______ Der Flug der Wildgänse sieht manchmal wie ein V aus.

2 Zu welchen Bildern aus Aufgabe 1 passen die Überschriften?
Setze die Buchstaben ein.

Ein Licht in dunkler Nacht ☐

Ein V am Himmel ☐

Meeresflieger ☐

Zitronengelb ☐

3 Erstelle ein eigenes Rätsel. Suche oder male ein Bild dazu.
Schreibe einen passenden und zwei unpassende Sätze zum Bild.
Kann ein anderes Kind dein Rätsel lösen?

Ich kann Bilder passend zuordnen. ☺ 😐

Rückmeldung: ______

Bilder nach Angaben ergänzen

1 Lies den Text und ergänze das Bild.

Der Tukan

Der Tukan ist ein bunter Vogel.
Die obere Schnabelhälfte ist gelb.
Der übrige Schnabel ist blau.
Um seine schwarzen Augen ist ein grüner Kreis.
Das „Lätzchen“ auf seiner Brust ist gelb.
Er hat blaue Füße.
Die anderen Federn sind schwarz.

Er sitzt auf einem braunen Ast.
Hinter ihm sind Zweige mit grünen Blättern zu sehen.

· Text- und Bildinhalte vergleichen, Textinhalte im Bild ergänzen
· diskontinuierlichen Texten Informationen entnehmen: Karten

· FÖ-KV: 12, 13
· zum Beispiel: Seite 28/29

1 Stellt euch Fragen zum Lageplan.

2 Setze im Lageplan die passenden Buchstaben in die leeren Kreise ein.

A = Eingang	B = Ausgang	C = Kiosk

3 Die Gehege der Raubkatzen sind nicht im Plan eingezeichnet.
Wo findest du sie? Setze die passenden Zahlen ein.

Die **Panther** leben neben den Giraffen. ☐

Die **Tiger** sind zwischen dem Restaurant und den Hirschen. ☐

Die **Löwen** siehst du vom Affengehege aus. ☐

4 Ravi steht am Eingang. Er möchte zuerst die Zebras sehen.
Wie kommt er am schnellsten dorthin? Zeichne den Weg in die Karte ein.

Ich kann Bilder nach Angaben ergänzen. ☺ 😐

Rückmeldung: ______________________

Symbole und Anweisungen verstehen

1 Welche Symbole gibt es in eurer Schule? Tauscht euch aus.

2 Welche Symbole gibt es in diesem Klassenzimmer?
Setze die passenden Zahlen in die Kästchen ein.

3 Welches Symbol kennst du noch? Welche Bedeutung hat es?
Male und schreibe.

· Symbolen Bedeutungen zuordnen
· kurze Arbeitsanweisungen selbstständig lesen und umsetzen

· FÖ-KV: 14, 15
· zum Beispiel: Seite 12, 18, 95

1 Lies die Arbeitsanweisung.
Kreuze an, welches Kind sie richtig verstanden hat.

Schreibe rechts oben auf das Blatt deinen Namen.
Unterstreiche die Überschrift.
Markiere, was Katzen jagen.

Martin

Die Katze
Katzen sind beliebte Haustiere.
Früher wurden sie auch oft
auf Bauernhöfen gehalten.
Dort jagten sie viele Mäuse.

☐

Inessa

Die Katze
Katzen sind beliebte Haustiere.
Früher wurden sie auch oft
auf Bauernhöfen gehalten.
Dort jagten sie viele Mäuse.

☐

2 Setze die Arbeitsanweisung um.

1. Schreibe deinen Namen rechts oben in den Kasten.
2. Markiere im ersten Satz das Obst.
3. Streiche im zweiten Satz das Wort **häufig** durch.
4. Male unter den Text einen roten Apfel.
5. Ergänze den letzten Satz passend.

Ich mag Bananen, Äpfel und Erdbeeren. Gemüse esse ich häufig am liebsten roh. Tomaten schmecken lecker, saftig und manchmal süß. Mein Lieblingsessen ist

____

Ich kann Symbole und Anweisungen verstehen. ☺ 😐

Rückmeldung: ______________________

Eine Tabelle lesen

1 Schau dir die Tabelle an.
Welches Eis würdest du bestellen?

Preis in der Waffel	0,80 €	1,60 €	2,40 €
mit Sahne	1,30 €	2,10 €	2,90 €
mit Schokosoße	1,00 €	1,80 €	2,60 €

2 Lege deinen Zeigefinger in der Tabelle auf  .
Fahre zwei Kästchen nach unten.
Welcher Preis steht in dem Kästchen? ______ €

3 Lege deinen Zeigefinger in der Tabelle auf **mit Schokosoße** .
Fahre drei Kästchen nach rechts.
Welcher Preis steht in dem Kästchen? ______ €

4 Finde die Preise in der Tabelle. Trage sie ein.

Was kostet eine Kugel Eis mit Sahne? ______ €

Was kosten zwei Kugeln Eis mit Schokosoße? ______ €

Was kosten drei Kugeln Eis in der Waffel? ______ €

5 Spielt nach.

· diskontinuierlichen Texten Informationen entnehmen: Tabellen

· FÖ-KV: 16, 17
· zum Beispiel: Seite 8, 73, 76/77

1 Welche Klassendienste müssen die Kinder der Klasse 2c übernehmen? Lest vor.

Klassendienste	Tafel putzen	Hefte austeilen	Kalender führen	Blumen gießen	Pausenspiele ausgeben
Woche 1	Melih	Nassima	Jonah	Ida	Joris
Woche 2	Ben	Viktor	Ella	Jannik	Imke
Woche 3	Sandra	Jens	Merit	Friedrich	Sara

2 Beantworte die Fragen zur Tabelle.

Welches Kind putzt in Woche 1 die Tafel?

Welche Kinder gießen in Woche 2 und 3 die Blumen?

Welche Kinder teilen die Hefte aus?

3 Stellt euch weitere Fragen zur Tabelle.

4 Welche Aussagen zu Tabellen sind richtig? Kreuze an.

- ☐ Ein Stundenplan ist eine Tabelle.
- ☐ Ich kann Informationen schnell finden.
- ☐ In einer Tabelle stehen ganze Sätze.

Aha!

So lese ich eine Tabelle:

- Die Informationen sind in **Spalten** und **Zeilen** angeordnet.
- Eine Zeile lese ich von links nach rechts.
- Eine Spalte lese ich von oben nach unten.

Dazu brauche ich diese Methode:
In einer Tabelle finde ich schnell bestimmte Informationen.

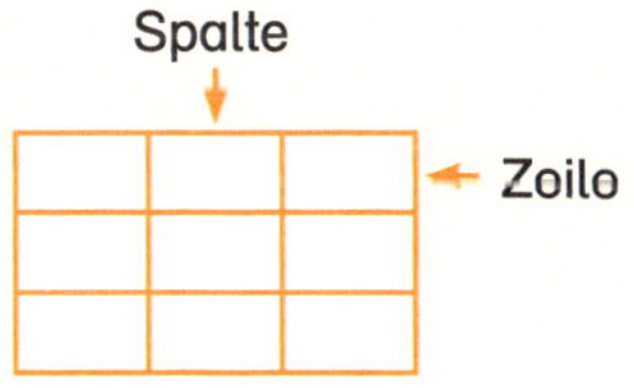

Ich kann eine Tabelle lesen.

Rückmeldung:

Literarische Formen kennen

1 Überlegt gemeinsam eine Antwort auf die Frage in der Sprechblase.

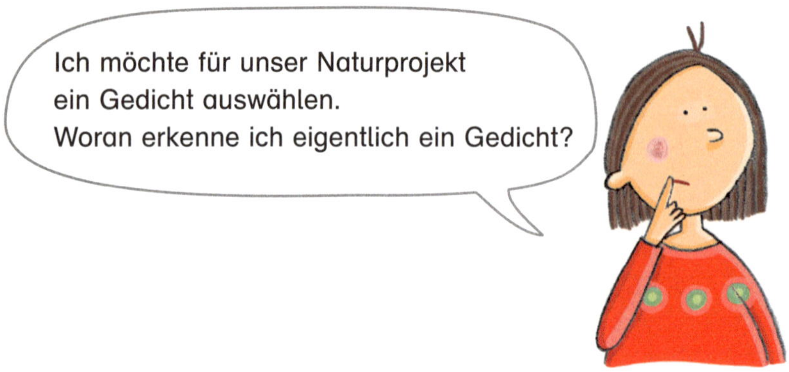

2 Lies das Gedicht.
Schreibe die Fachwörter auf die passenden Linien.

Fachwörter: Autor Strophe Reim Vers Überschrift

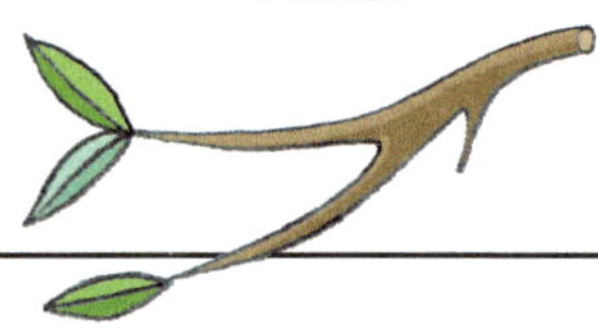

Garten → ______________________

Ich sitze im Gras und schweige.
Der Himmel ist blau wie das Meer.
Der Wind bewegt die Zweige,
ich schwinge leicht hin und her.
} ______________________

Ich höre die Amseln und Stare. → ______________________

Ich sehe die Käfer im Kraut.
Der Wind bewegt meine Haare,
die Sonne berührt meine Haut.
} ______________________

Georg Bydlinski → ______________________

- verschiedene Textarten kennen: das Gedicht
- Fachbegriffe für Gedichte kennen und anwenden

- FÖ-KV: 18, 19
- zum Beispiel: Seite 63, 65, 108

1 Lest das Gedicht und sprecht darüber.

Regen

Große Tropfen platschen
schwere Tropfen klatschen
wütend auf das Regendach.

Mantelkragen hochgeschlagen,
Schirm vor dem Gesicht getragen.
Kalter Wind wird wach.

Fegt daher und peitscht die Tropfen,
dass sie um so wilder klopfen
wütend auf das Regendach.

Alfons Schweiggert

Die Überschrift heißt ...

Der Autor heißt ...

Das Gedicht hat ... Strophen.

Jede Strophe hat ... Verse.

Tropfen reimt sich auf ...

Mir gefällt das Gedicht, weil ...

2 Markiere in dem Gedicht aus Aufgabe 1 **Autor**, **Strophe**, **Reim**, **Vers** und **Überschrift** in den passenden Farben.

Aha!

So erkenne ich ein Gedicht:

- Ein Gedicht ist in Strophen unterteilt. Manche Gedichte haben nur eine Strophe.
- Jede Strophe besteht aus Versen.
- Am Ende der Verse stehen oft Reimwörter. Es gibt auch Gedichte ohne Reimwörter.

Dazu brauche ich diese Methode:
Ich kann Texte nach meinen Wünschen und Interessen auswählen.

Ich kann ein Gedicht erkennen. ☺ 😐

Rückmeldung: ______________________

Unterschiedliche Textarten kennen

1 Schaut euch die Bücher von Anna und Tom genau an.
Überlegt, worum es in den Büchern gehen könnte.

Ich glaube, Ida und der Wal erleben Abenteuer.

In dem Buch stehen auch schlaue Dinge über Tiere.

2 Welche Sätze stehen in Annas Buch?
Welche Sätze stehen in Toms Buch? Kreuze an.

	Annas Buch	**Toms Buch**
– Nur weibliche Mücken stechen.	☐	☐
– Das Mädchen schaute umher.	☐	☐
– Die Zunge einer Giraffe wird bis zu einem halben Meter lang.	☐	☐
– In einem Birkenwäldchen wohnte ein kleines Mädchen namens Ida.	☐	☐
– Das giftigste Tier der Welt ist eine Qualle.	☐	☐
– Flink wie ein Wiesel kletterte sie die Leiter hoch.	☐	☐

· verschiedene Textarten kennen: Erzähl- und Sachtexte
· Texte begründet auswählen

· FÖ-KV: 20, 21
· zum Beispiel: Seite 4/5, 109, 113

3 Was lesen Anna und Tom?
Schreibe die Wörter **Erzähltext** und **Sachtext** auf die passende Linie.

Anna liest einen ____________________

Tom liest einen ____________________

4 Tom möchte etwas über Bienen lernen.
Welchen Text sollte er lesen? Kreuze an.

☐ einen **Erzähltext**

☐ einen **Sachtext**

5 Auch in deinem Lesebuch findest du **Erzähltexte** und **Sachtexte**.
Suche Beispiele.

Ein Erzähltext steht auf Seite ________ . Er hat die Überschrift:

____

Ein Sachtext steht auf Seite ________ . Er hat die Überschrift:

____

Aha!

So erkenne ich **Erzähltexte** und **Sachtexte**:
- In einem **Erzähltext** wird eine Geschichte oder ein Erlebnis erzählt.
  Oft ist das Erzählte erfunden.
- In einem **Sachtext** wird über ein bestimmtes Thema informiert.
  Oft gibt es auch Zeichnungen, Bilder, Fotos und Tabellen zu dem Text.

Dazu brauche ich diese Methode:
Ich kann Texte nach meinen Wünschen und Interessen auswählen.

Ich kann Sachtexte und Erzähltexte erkennen. ☺ 😐

Rückmeldung: ____________________

Vermuten, worum es in einem Text geht

In dem Text geht es wahrscheinlich um …

Bei dem Bild denke ich an …

1 Schaut euch das Bild an und lest die Überschrift.
Überlegt gemeinsam, worum es in dem Text gehen könnte.

Pyramiden in Ägypten

Pyramiden haben eine bestimmte Form

Unten sind sie viereckig und oben
haben sie eine Spitze

2 Schreibt auf ein Blatt Papier, was ihr schon über Pyramiden wisst.

3 Welche Fragen werden wahrscheinlich im Text
Pyramiden in Ägypten beantwortet? Kreuze an.

Diese Frage wird wahrscheinlich …	**beantwortet.**	**nicht beantwortet.**
1. Wie hoch sind Pyramiden?		
2. Wie wurden Pyramiden gebaut?		
3. Was essen die Menschen in Ägypten?		
4. Wie viele Pyramiden gibt es in Ägypten?		

4 Was möchtest du gern über Pyramiden wissen?
Schreibe eine Frage auf.

· Verfahren zur ersten Orientierung über einen Text nutzen

· FÖ-KV: 22, 23
· zum Beispiel: Seite 68/69, 90, 96/97, 182/183 …

1 Lies den Text.

Pyramiden in Ägypten

Pyramiden haben eine bestimmte Form. Unten sind sie viereckig und oben haben sie eine Spitze. Die größte Pyramide ist die Cheops-Pyramide. Sie wurde in Ägypten erbaut. Die Cheops-Pyramide ist 146 Meter hoch. In ihr liegt ein König begraben.

In Ägypten hat man 80 Pyramiden gefunden. Pyramiden wurden aus großen Steinen gebaut. Aber es kann niemand genau sagen, wie die Pyramiden gebaut wurden. Vielleicht wurden die Steine über Rampen aus Sand immer weiter nach oben transportiert.

2 Welche der Fragen von Seite 28, Aufgabe 3 wurden im Text **Pyramiden in Ägypten** beantwortet? Kreuze an.

Frage 1 ☐ Frage 2 ☐ Frage 3 ☐ Frage 4 ☐

3 Erzähle einem anderen Kind, was du über Pyramiden erfahren hast.

Aha!

So vermute ich, worum es in einem Text geht:
- Ich lese erst nur die Überschrift und schaue die Bilder zum Text an.
- Ich überlege, worum es in dem Text gehen könnte.

Dazu brauche ich diese Methode:
Ich bin gut auf den Text vorbereitet und kann ihn besser verstehen.

Ich kenne die Methode **Vermuten, worum es in einem Text geht.** ☺ 😐

Rückmeldung: ____________________

Unbekannte Wörter klären

1 Lies den Text.

Der Bienenstock

Viele Bienen leben in einem Bienenhaus, das von den Menschen gebaut wurde. Ein Bienenhaus nennt man Beute. Eine Beute kann aus einem Deckel, Zargen und einem Boden bestehen. Eine Zarge ist ein oben und unten offener Kasten. In einer der Zargen kann zum Beispiel der Brutraum sein. In ihm wachsen die jungen Bienen heran. In einer anderen Zarge ist der Honigraum. Im Honigraum legen die Bienen ihre Honigvorräte an. In jedem Bienenhaus lebt ein Bienenvolk. Das Volk mit seiner Behausung nennt man Bienenstock.

2 Suche diese Wörter im Text und markiere sie mit einer Schlangenlinie.

Bienenstock | Beute | Boden

Brutraum | Bienenvolk

3 In welchen Zeilen wird erklärt, was die **Beute** ist? Trage ein.

Das Wort **Beute** wird in den Zeilen ________ , ________ und ________ erklärt.

4 Erklärt euch gegenseitig, was das Wort **Beute** im Text bedeutet.

- unbekannte Wörter identifizieren, Zeilenangaben machen
- Verstehenshilfen anwenden: nachfragen, Wörter nachschlagen und recherchieren

- FÖ-KV: 24, 25
- zum Beispiel: Seite 84/85, 88/89, 139, 160 ...

1 Lea kennt ein paar Wörter aus dem Text **Der Bienenstock** nicht.
Wo findet sie Hilfe? Kreuze an.

	Sie muss im Text nachlesen.	Sie muss sich das Bild genau ansehen.	Sie muss jemanden fragen oder das Wort nachschlagen.
Bienenstock			
Brutraum			
Boden			
Bienenvolk			

2 Erklärt euch die Wörter **Bienenstock**, **Brutraum**, **Boden** und **Bienenvolk** gegenseitig.

3 Suche im Text **Der Bienenstock** ein anderes Wort, das du nicht kennst.
Markiere es mit einer Schlangenlinie.

4 Finde heraus, was dein markiertes Wort bedeutet.
Erkläre es einem anderen Kind.

Aha!

So kläre ich unbekannte Wörter:
Wenn ich Wörter finde, die ich nicht kenne,
- prüfe ich, ob die Wörter im Text erklärt werden.
- sehe ich mir die Bilder oder Zeichnungen zum Text genau an.
- schlage ich die Wörter nach oder frage jemanden.

Dazu brauche ich diese Methode:
Ich kann den Text besser verstehen.

Ich kenne die Methode **Unbekannte Wörter klären.** ☺ 😐

Rückmeldung: ______

Wichtige Informationen in Texten finden

1 Lies den Text.

Der Igel

Der Igel lebt oft am Rand einer Hecke. Er wird bis zu 30 cm lang. Igel haben ein Stachelkleid. Es besteht aus bis zu 8.000 Stacheln. Bei Gefahr stellt der Igel seine Stacheln auf und rollt sich zu einer Kugel zusammen.

Ein Igel wird drei bis sechs Jahre alt. Am Tag schläft der Igel. In der Nacht sucht er Nahrung. Er frisst Insekten, Regenwürmer, Kröten und sogar kleine Schlangen.

Wenn es kalt wird, fällt der Igel in den Winterschlaf. Nur alle 30 Tage wacht er kurz auf.

2 Welche Antwort geben die Kinder?
Schreibe **lange Antwort** und **Kurzantwort** auf die passenden Linie.

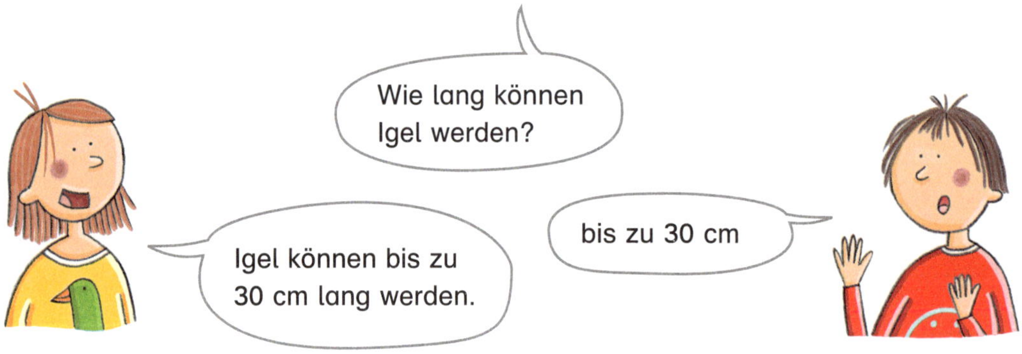

Lotte gibt eine ______________________________ .

Jan gibt eine ______________________________ .

· gezielt einzelne Informationen suchen
· zentrale Aussagen eines Textes erfassen und wiedergeben

· FÖ-KV: 26, 27
· zum Beispiel: Seite 25, 98, 127 ...

1 Kreise alle Fragewörter ein.

Wo leben Igel?	3 bis 6 Jahre
Wie viele Stacheln haben Igel?	am Rand einer Hecke
Wie alt werden Igel?	am Tag
Was fressen Igel?	bis zu 8.000
Wann schlafen Igel?	Insekten, Regenwürmer, Kröten und sogar Schlangen

2 Verbinde die **W-Fragen** in Aufgabe 1 mit den richtigen Kurzantworten.

3 Unterstreiche im Text **Der Igel** auf Seite 32 die Kurzantworten aus Aufgabe 1.

4 Denke dir selbst eine **W-Frage** zum Text **Der Igel** aus.
Schreibe sie auf.

Aha!

So finde ich wichtige Informationen in einem Text:

- Ich lese den Text.
- Ich stelle W-Fragen zum Text.
- Ich unterstreiche die Kurzantwort im Text.
- Die Kurzantwort ist meine wichtige Information.

Dazu brauche ich diese Methode:
Ich kann wichtige Informationen in einem Text finden und schnell wiederfinden.

Ich kenne die Methode **Wichtige Informationen in einem Text finden.** ☺ 😐

Rückmeldung:

Erzählen, worum es in einem Text geht

1 Lies das Märchen.

Die Prinzessin auf der Erbse

Es war einmal ein Prinz, der wollte eine Prinzessin heiraten.
Er suchte überall, doch die Richtige konnte er nicht finden.

Eines Abends zog ein furchtbares Unwetter auf. Eine Prinzessin klopfte ans Stadttor:
„Ich bin eine Prinzessin. Kann ich heute Nacht hier schlafen?“
Sie wurde ins Schloss eingeladen.

Die Königin wollte wissen, ob sie wirklich eine echte Prinzessin ist. Deshalb versteckte sie in ihrem Bett unter zehn Matratzen eine Erbse. Darauf sollte die Prinzessin schlafen.

Morgens wollten alle wissen, wie sie geschlafen hätte.
Die Prinzessin klagte: „Es war nicht zum Aushalten! Ich habe die ganze Nacht auf etwas Hartem gelegen.“
Wahrhaftig! Nur eine echte Prinzessin konnte durch zehn Matratzen eine solch winzige Erbse spüren.

Der Prinz nahm sie zur Frau.
Sie lebten glücklich bis an ihr Lebensende.

1
- Prinz wollte Prinzessin heiraten
- fand keine

2
- Prinzessin

Ich bin eine Prinzessin.
Kann ich hier schlafen?

3
- Königin testete Prinzessin
- Erbse unter den Matratzen

4

5

· Texte mit eigenen Worten wiedergeben

· FÖ-KV: 28, 29
· zum Beispiel: Seite 26, 38, 74/75, 86/87 ...

1 Was passiert in den ersten drei Abschnitten des Märchens **Die Prinzessin auf der Erbse**? Erzähle mithilfe der Karten am roten Faden.

2 Was passiert im vierten und fünften Abschnitt? Schreibe Stichwörter oder male auf die Karten neben dem Text.

3 Erzähle das Märchen mithilfe der Karten nach.

4 Wähle einen Text aus deinem Lesebuch aus. Überlege, was in jedem Abschnitt passiert. Schreibe Stichwörter oder male Bilder auf Karten. Nummeriere sie in der richtigen Reihenfolge. Erzähle einem anderen Kind, worum es in dem Text geht. Welchen Text hast du ausgewählt?

Mein Text steht auf Seite ____________ .

Er hat die Überschrift ______________________ .

5 Wie wurde erzählt? Gebt euch Rückmeldungen.

Du hast in der richtigen Reihenfolge erzählt.

Du könntest noch mehr erzählen.

Ich habe etwas noch nicht verstanden.

Die Geschichte fand ich lustig.

Aha!

So erzähle ich, worum es in einem Text geht:

- Ich schreibe zu jedem Abschnitt Stichwörter auf Karten.
- Damit ich mir die Reihenfolge richtig merke, nummeriere ich die Karten.
- Mit den Karten erzähle ich, was im Text passiert.

Dazu brauche ich diese Methode:
Ich kann überprüfen, ob ich einen Text verstanden habe.

Ich kenne die Methode **Erzählen, worum es in einem Text geht.** ☺ 😐

Rückmeldung: ______________________

Eine Meinung zu einem Text bilden

1 Mögt ihr Räubergeschichten? Tauscht euch aus.

2 Lies den Textauszug aus dem Buch über den Räuber Grapsch.

Schauerliche Wiegenlieder

„Schaut her, das ist meine Tochter! Ein Prachtstück!“,
rief der Räuber Tassilo Grapsch den Fledermäusen zu.
Er hob das Kind an den Füßen hoch,
dass es wie die Fledermäuse mit dem Kopf nach unten hing.
Aber es war viel schöner als eine Fledermaus,
denn es hatte rote Locken wie seine Mutter
und große Ohren wie sein Vater.
Der Räuber Grapsch war fast zwei Meter groß,
mit Schuhgröße neunundvierzig.
Grapsch nahm seine Tochter behutsam auf den Arm
und begann zu singen:

„Schlaf, Tochter!
Wer dir was antun will, der wird nicht alt.
Den mach ich kalt.“
„Gib doch nicht so an“, sagte seine Frau Olli.
„Du hast noch nie jemanden kaltgemacht!“

„Schlaf, Tochter!
Und wenn sich auch hundert Ungeheuer heranwälzen,
dein Vater dreht sie alle durch den Fleischwolf ...“

„Das reimt sich ja nicht einmal", sagte Olli.
„Aber so mag sie's“, sagte Grapsch.
Er sah seine Tochter an und sie sah ihn an.

Gudrun Pausewang

3 Welche Figuren kommen in der Geschichte vor? Schreibe sie auf.

- eigene Gedanken zu Texten entwickeln
- zu Texten Stellung nehmen und mit anderen über Texte sprechen

- FÖ-KV: 30, 31
- zum Beispiel: Seite 23, 58, 80, 144/145, 153 ...

1 Was ist deine Meinung zu dem Text **Schauerliche Wiegenlieder**? Kreuze an.

Findest du das auch?	**Ja**	**Nein**
Der Text ist lustig.		
Ich habe Lust, das ganze Buch zu lesen.		
Der Text hat spannende Stellen.		
Der Text ist langweilig.		

2 Sprich mit anderen über den Text.

abenteuerlich, geheimnisvoll

Ich fand es gruselig, dass ...

Ich möchte weiterlesen, weil ...

macht Spaß zu lesen, weil ...

interessiert mich nicht, weil ...

Ich möchte mehr über ... erfahren.

eine besonders interessante Stelle ist ...

3 Wählt einen Text aus dem Lesebuch aus.
Jeder bildet sich eine Meinung zum Text. Tauscht euch aus.

Unser Text steht auf Seite ______________.

Er hat die Überschrift ______________________________.

Aha!

So bilde ich mir eine Meinung zu einem Text:
- Ich überlege, was das Besondere an dem Text ist.
- Ich überlege, wie mir der Text gefallen hat.
- Ich spreche mit anderen über meine Gedanken.

Dazu brauche ich diese Methode:
Ich kann mit anderen Meinungen und Gedanken zu einem Text austauschen.

Ich kenne die Methode **Meinungen zu einem Text bilden.** ☺ 😐

Rückmeldung: ______________________________

Einen Text umformen

1 Wie fühlt ihr euch, wenn ihr gute oder schlechte Laune habt? Tauscht euch aus.

2 Lies das Gedicht. Markiere die Wörter, die zu schlechter Laune passen.

Schlechte-Laune-Einkaufs-Gedicht

Wenn ich schlechte Laune habe,
dann kaufe ich nicht gerne ein.
Und will nur dunkles Zeug,
einfach miesepetrig sein.
Ich will grummeln und schummeln,
jaulen und maulen.
Null Bock – ein Schock!
Trödelnd und traurig an der Kasse.
Ach, wie ich das hasse!

3 Schreibe **Gute-Laune-Wörter** zu den **Schlechte-Laune-Wörtern**.

schlecht - gut

dunkel - ______

traurig - ______

maulen - ______

4 Wähle zwei weitere **Schlechte-Laune-Wörter** aus dem Gedicht aus. Ergänze passende **Gute-Laune-Wörter**.

______ ______

______ ______

· handelnd mit Texten umgehen: Texte umgestalten

· FÖ-KV: 32, 33
· zum Beispiel: Seite 15, 67, 107, 138, 151

1 Forme das **Schlechte-Laune-Einkaufs-Gedicht** um.
Schreibe ein **Gute-Laune-Einkaufs-Gedicht**.

Gute Laune-Einkaufs-Gedicht

Wenn ich gute Laune habe,

dann

2 Lest euch eure Gedichte vor.

3 Wähle ein Gedicht aus deinem Lesebuch aus und forme es um.

Das Gedicht steht auf Seite ____________ .

Es hat die Überschrift ____________ .

Aha!

So forme ich einen Text um:

- Ich lese den Text mehrmals und markiere besondere Textstellen.
- Ich überlege, wie ich diese Textstellen anders schreiben kann.

Dazu brauche ich diese Methode:
Ich kann damit den Aufbau und den Inhalt eines Textes besser verstehen.

Ich kenne die Methode **Einen Text umformen.** ☺ 😐

Rückmeldung: ____________

Vermuten, worum es in einem Buch geht

1 Vermute, worum es in dem Buch geht. Schreibe auf.

Ich glaube, in dem Buch geht es um ...

Vermutlich handelt es von ...

Es könnte darum gehen, dass ...

2 Lies den Klappentext. Waren deine Vermutungen aus Aufgabe 1 passend? Kreuze an.

Klappentext:
Ausgerechnet heute hatte die Oma das Internet kaputt machen müssen.
Das ganze Internet. Auf der ganzen Welt. Na, toll ...
Ohne Internet ist nichts mehr wie vorher:
Max kann nicht auf seinem Handy daddeln,
Luisa keine Musik hören und Opa nicht mehr fernsehen.
Sogar Mama und Papa kommen total früh nach Hause,
denn sie können nicht mehr arbeiten.
Keiner weiß, was er tun soll, so ganz ohne Internet.
Es wird dann aber trotzdem ein ganz toller Tag.
Obwohl das Internet kaputt ist! Oder vielleicht sogar deswegen?

Den Klappentext findet man auf der Rückseite eines Buches.

Meine Vermutungen waren ☐ passend.
☐ nicht passend.

· Verfahren zur ersten Orientierung über ein Buch nutzen
· Kinderliteratur kennen

· FÖ-KV: 34, 35
· zum Beispiel: Seite 114/115, 130, 141, 156

1 Was glaubst du? Kreuze an und begründe.

Ich glaube, das Buch **Der Tag, an dem die Oma das Internet kaputt gemacht hat** ist ...

☐ spannend, ☐ traurig, ☐ lustig, ☐ gruselig, ☐ langweilig,

2 Würdet ihr das Buch gerne lesen? Tauscht euch aus.

Das Buch könnte mir gefallen. Ich mag ...

Ich möchte das Buch lesen, weil ...

Mich interessiert das Buch nicht. Ich lese lieber ...

Ich weiß nicht genau, ob mir das Buch gefallen könnte. Vielleicht ...

3 In vielen Lesebüchern gibt es Lesehinweise.
Sucht Lesehinweise in eurem Lesebuch.
Würdet ihr eines der vorgeschlagenen Bücher gerne lesen?

Der Hinweis steht auf Seite ____________ .

Das Buch hat den Titel

Aha!

So vermute ich, worum es in einem Buch geht:

- Ich sehe mir das Buch genau an.
- Ich lese den Klappentext.
- Ich überlege, worum es in dem Buch gehen könnte.

Dazu brauche ich diese Methode:
Ich kann ein Buch begründet auswählen.

Ich kenne die Methode **Vermuten, worum es in einem Buch geht.** ☺ 😐

Rückmeldung: ____________

Eine Figur beschreiben

1 Lies den Text.

Großvater zu Besuch

„Großvater Leonardo!“, rief Elli. Ein freundlicher älterer Mann mit einem imposanten Schnurrbart und fröhlich blitzenden schwarzen Augen stand im Flur. Sie freute sich, dass ihr Großvater vorbeigekommen war. Vor Freude umarmte Elli ihren Nonno – das war italienisch für Großvater – gleich noch einmal. Da war es ihr auch egal, dass ihre Arme zu kurz waren, um ihn ganz und gar zu umfassen.

Alles an Leonardo Zerbini war rund: Sein Kopf mit den weißen Haaren, die immer etwas zu Berge standen, glich einer lachenden Murmel, während sein kugeliger Bauch tapfer gegen die zu enge schwarze Weste kämpfte.

Nur seine Hände waren erstaunlich schmal und seine Finger lang, fast wie bei einem Magier, der alle möglichen Tricks beherrschte. Und irgendwie stimmte das ja, denn Großvater Leonardo konnte wirklich zaubern. Er machte das beste Eis in der Stadt – ach was, im ganzen Land! Er war sehr einfallsreich und liebte es, verschiedene Sorten zu mischen und ihnen entsprechende Namen zu verpassen. *[gekürzt]*

Heike Eva Schmidt

2 Markiere alle Stellen in **Großvater zu Besuch** rot, die beschreiben, wie der Großvater aussieht.

3 Markiere alle Stellen in **Großvater zu Besuch** blau, die weitere Eigenschaften des Großvaters beschreiben.

4 Kreuze an, was stimmt.

Großvater Leonardo ist …

☐ ziemlich alt. ☐ klein.

☐ einfallsreich. ☐ klug. ☐ rund.

· zentrale Aussagen eines Textes erfassen und wiedergeben
· Figuren beschreiben

· FÖ-KV: 36, 37
· zum Beispiel: Seite 14, 26, 74/75, 86/87, 110/111 …

5 Beschreibe den Großvater in einem Steckbrief.

Name:

Aussehen:

Besondere Merkmale:

6 Suche dir eine Figur aus einem Buch aus. Beschreibe sie in einem Steckbrief.

Das Buch heißt ______.

Die Figur heißt ______.

Aha!

So beschreibe ich eine Figur:
Ich suche und markiere Textstellen,
- die das Aussehen der Figur beschreiben,
- die weitere Eigenschaften der Figur beschreiben.

Dazu brauche ich diese Methode:
Ich lerne eine Figur besser kennen.

Ich kann eine Figur beschreiben. ☺ 😐

Rückmeldung: ______

Einen Text vorlesen

1 Lies die Fragen laut.
Betone dabei in jeder Frage das unterstrichene Wort.

Kannst du einen Drachen steigen lassen?

Kannst du einen Drachen steigen lassen?

Kannst du einen Drachen steigen lassen?

Kannst du einen Drachen steigen lassen?

2 Wie verändert sich die Frage durch die unterschiedliche Betonung?
Tauscht euch aus.

Wenn das **du** betont wird, ...

3 Lies das Gedicht laut.
Nutze die Vorlesezeichen:
Betone die unterstrichenen Wörter.
Mache bei | eine kurze Pause.

Wind im Ort

„Blies da heute ein Wind im Ort! |
Der trug allen Leuten die Hüte fort,
die Hüte, die Ohren, die Na-!“ |

„Die wa - ?“ |

„Na ja,
das mit den Hüten stimmt bestimmt, |
das andere stimmt beinah.“ |

„Aha!“ |

Josef Guggenmos

Lies auch die Überschrift und den Autor vor.

Lies laut und deutlich.

Verschlucke nicht die letzten Wörter.

· Texte zum Vorlesen vorbereiten und sinngestaltend vorlesen

· FÖ-KV: 38, 39
· zum Beispiel: Seite 11, 27, 123, 126, 142 ...

1 Lies das Gedicht mehrmals.

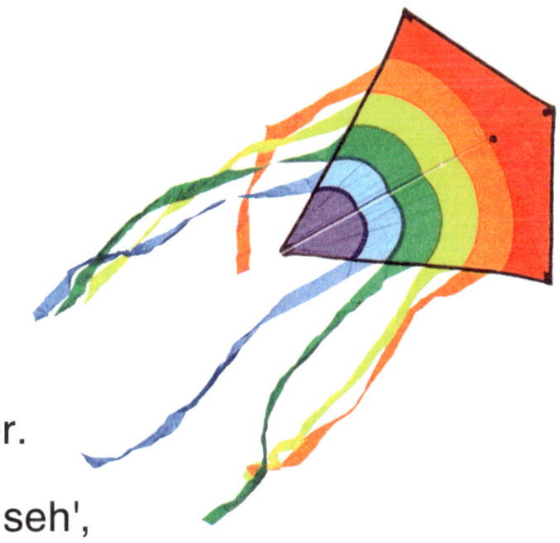

Der Papierdrachen

Ich segle
stolz in blauer Höh'
und lache auf euch nieder.
Wenn ich die Welt von oben seh',
freut mich das Dasein wieder.
Ein Jahr musst ich daheim
in einem Winkel liegen.
Nun aber darf ich glücklich sein,
darf fliegen,
fliegen,
fliegen.

Vera Ferra-Mikura

2 An welcher Stelle solltest du im Gedicht **Der Papierdrachen** eine Pause machen? Was möchtest du besonders betonen? Trage die Vorlesezeichen ein.

3 Lest euch das Gedicht betont vor.

Aha!

So lese ich einen Text vor:

Vorbereitung:
- Ich lese den Text mehrmals laut.
- Ich schreibe Vorlesezeichen an den Text.
- Ich übe meinen Vortrag.

Vortrag:
- Ich lese den Text laut und deutlich vor.

Dazu brauche ich die Methode:
Wenn ich beim Vorlesen Pausen mache und passende Wörter betone, verstehen meine Zuhörer besser, was ich vorlese.

Ich kenne die Methode **Einen Text vorlesen.**

Lesespaß

1 Wir machen ein kleines Lesequiz. Lies dafür das Buch **Nein! Tomaten ess ich nicht!** von Lauren Child.

2 Beantworte die Fragen zum Text.
Kreise den Buchstaben hinter der richtigen Antwort ein.

Warum ist es schwierig, für Pia Essen zu machen?

Pia ist erst spät zu Hause. B

Pia ist sehr eigen. S

Pia isst nur Gemüse. K

Was macht Pia, als sie am Tisch sitzt?

Sie liest in ihrem Buch. A

Sie zählt auf, was sie nicht mag. U

Sie erzählt von ihrem Nachmittag. E

Wie schafft es Charly, dass seine Schwester etwas isst?

Er verspricht ihr eine Belohnung. M

Er überlistet sie. P

Er kocht nur, was sie mag. K

Wie nennt Charly Möhren?

Mondflutscher I

Wolkenflaum vom Fudschijama O

orangefarbene Lakritzstangen vom Jupiter E

Die Fragen zu diesem Buch findest du auch auf Antolin. Dort kannst du mit deinen Antworten Punkte sammeln.

Wie würdest du Charly beschreiben?

Er ist streng. K

Er ist fantasievoll. R

Er ist unehrlich. P

3 Setze die Lösungsbuchstaben der Reihe nach ein.

· verschiedene Medien nutzen
· Kinderliteratur kennen

· zum Beispiel: Seite 69/70

Name			
Nahrung			
Schlafplatz			

1 Setze die Namen der Vögel, ihre liebste Nahrung und ihren Schlafplatz in die Tabelle ein.

a) Der Vogel in der Mitte mag am liebsten Nüsse.

b) Der Vogel links isst gern Käfer.

c) Lolo mag am liebsten Sonnenblumenkerne.

d) Der Vogel, der gerne Sonnenblumenkerne isst, schläft in einer Baumhöhle.

e) Tiffi steht links neben dem Vogel, der auf einem Felsvorsprung schläft.

f) Einer der Vögel schläft in einem Nest.

g) Einer der Vögel heißt Ratze.

Erarbeitet von
Ricarda Paulisch (Lengerich)
und Kerstin Riesberg (Wallenhorst)

Unter Beratung von
Kerstin Eilenberger (Filderstadt-Bonlanden)

Illustriert von
Katrin Oertel,
Angela Glökler (Quiesel) und einer Illustration von Lea Riesberg (S. 47)

Textquellennachweis
Seite 7: Budde, Nadia: Krake beim Schneider. In: Nadia Budde: Krake beim Schneider. Peter Hammer Verlag, Wuppertal 2019.
Seite 24: Bydlinski, Georg: Garten. In: Wasserhahn und Wasserhenne. Gedichte und Sprachspielereien mit farbigen Illustrationen von Carola Holland, Dachs Verlag GmbH, Wien: 2002.
Seite 25: Schweiggert, Alfons: Regen. In: Kindergedichte rund ums Jahr, Falken Verlag, Niedernhausen: 1989.
Seite 36: Pausewang, Gudrun: Schauerliche Wiegenlieder. In: Das große Buch vom Räuber Grapsch, Ravensburger Verlag, Ravensburg: 2003 (15. Auflage), S. 130 f.
Seite 40: Kling, Marc-Uwe: Der Tag, an dem die Oma das Internet kaputt gemacht hat. Carlsen Verlag, Hamburg: 2018.
Seite 42: Schmidt, Heike Eva: Der zauberhafte Eisladen. Vanille, Erdbeer und Magie, Boje Verlag, Köln: 2018, S. 14–17.
Seite 44: Guggenmos, Josef: Wind im Ort. In: Das Geisterschloss, Rowohlt Taschenbuch, Reinbek: 1974.
Seite 45: Ferra-Mikura, Vera: Der Papierdrachen. In: Das Jahreszeiten-Reimbuch. Hrsg. von Ilse Walter. Herder Verlag, Freiburg, Basel, Wien: 1992.

Abbildungsnachweis
|Alamy Stock Photo (RMB), Abingdon/Oxfordshire: FLPA 17.2. |Blanck, Iris, Hamburg: 46.1. |Carl Hanser Verlag GmbH & Co. KG, München: Mathilda Masters, 321 superschlaue Dinge, die du unbedingt wissen musst Aus dem Niederländischen von Stefanie Ochel Mit Illustrationen von Louize Perdieus © 2018 26.2. |Carlsen Verlag GmbH, München: Marc-Uwe Kling, Der Tag, an dem die Oma das Internet kaputt gemacht hat. Mit Illustrationen von Astrid Henn © Carlsen Verlag GmbH, Hamburg 2018. 40.1. |fotolia.com, New York: r.claasen 20.2; Stifter, Michael 17.4; vioma 16.5. |iStockphoto.com, Calgary: Bouillante 17.1; bowman, neil 17.3; Chalabala 16.2; Lauriat, Jon 30.1. |Nord-Süd Verlag, Zürich, Hamburg: "Ida und der fliegende Wal" geschrieben und illustriert von Rebecca Gugger und Simon Röthlisberger © 2018 NordSüd Verlag AG, Zürich/Schweiz 26.1. |Panther-Media GmbH (panthermedia.net), München: pius99 28.1, 29.1. |Shutterstock.com, New York: clarst5 16.3; Coatesy 32.1; Farkas, Geza 16.6. |stock.adobe.com, Dublin: Baker, Nigel 16.4; BRN-Pixel 45.1; Haase, Nadine 16.1; MANFRED SCHAEFER 20.1.

westermann GRUPPE

Druck A[1] / Jahr 2020
Alle Drucke der Serie A sind im Unterricht parallel verwendbar.

Redaktion: Marleen Scharninghausen
Umschlaggestaltung: Visuelle Lebensfreude (Hannover)
Layout: Godewind, Hamburg
Satz und technische Umsetzung: Studioback, Wien
Druck und Bindung: Westermann Druck GmbH, Braunschweig

ISBN 978-3-14-**137162**-8